문학과지성 시인선 102

사랑의 감옥

오규원 시집

문학과지성사에서 펴낸 오규원의 시집

왕자가 아닌 한 아이에게(1978; 개정판 1995)
이 땅에 씌어지는 抒情詩(1981)
가끔은 주목받는 생이고 싶다(1987; 개정판 1994)
길, 골목, 호텔 그리고 강물소리(1995)
한 잎의 여자(1998, 시선집)
토마토는 붉다 아니 달콤하다(1999)
오규원 시전집 1·2(2002)
새와 나무와 새똥 그리고 돌멩이(2005)
나무 속의 자동차(2008, 동시집)
두두(2008)
분명한 사건(2017, 시인선 R)

문학과지성 시인선 102
사랑의 감옥

초판 1쇄 발행 1991년 4월 15일
초판 5쇄 발행 1993년 11월 30일
재판 1쇄 발행 1995년 5월 1일
재판 8쇄 발행 2024년 5월 23일

지 은 이 오규원
펴 낸 이 이광호
펴 낸 곳 ㈜문학과지성사
등록번호 제1993-000098호
주   소 04034 서울 마포구 잔다리로7길 18(서교동 377-20)
전   화 02)338-7224
팩   스 02)323-4180(편집) 02)338-7221(영업)
전자우편 moonji@moonji.com
홈페이지 www.moonji.com

ⓒ 오규원, 1995. Printed in Seoul, Korea

ISBN 89-320-0496-X 02810

이 책의 판권은 지은이와 ㈜**문학과지성사**에 있습니다.
양측의 서면 동의 없는 무단 전재 및 복제를 금합니다.

문학과지성 시인선 102
사랑의 감옥
오규원

1995

自 序

　　이 나무에는
　　잎이 없다
　　[……]
　　전부 잎
　　공기 땅 형태가 산다
　　　　——층계참(프랑스 명시선, p. 210,
　　　　　　동화출판공사, 1972)

　김현이 번역한 으젠느 길르빅의 위의 시는 다음과 같은 시행이 이어지고 있다.

　　모두 그대가 가져다줄 수 있는
　　것을 살 것이다

　아, '가져다준 것'이 아니라 '가져다줄 것'이라니, '산다'가 아니라 '살 것'이라니——

1991. 3.
오 규 원

사랑의 감옥

차 례

▨ 自 序

오늘의 메뉴/11
4월이여 식탁이여/12
하늘 아래의 生/13
사랑의 대낮/14
이상한 새/15
원피스/16
길 밖의 물/17
아스팔트/18
그는 아직도 팔굽혀펴기를 하고 있다/19
사막 1/21
사막 2/22
物 證/23
비디오 가게/24
당신의 몸/26
간판이 많은 길은 수상하다/28
길 목/29
저 여자/32
그 여자/34
사랑의 감옥/35
明洞 1/36
明洞 2/37

明洞 3/38
明洞 4/39
明洞 5/40
두 개의 낮달/41
다라니경/43
젖지 않는 구두/46
하늘엔 흰구름 떠돌고/48
세계는 톡톡 울리기도 한다/50
목캔디/51
제라늄, 1988, 신화/53
바다로 가는 길/56
바쁜 것은 바람이다/58
WENG WENG/59
목수네 아이/61
짐승의 시간/63
이토록 밝은 나날/64
너/71
牧 丹/72
역사를 찾아서/73
朴殷植之墓/74
十全路의 밤/75
別 曲/77
호모 사피엔스 출신/78
환멸을 향하여/79
빈 컵/80
후박나무 아래 1/81

후박나무 아래 2/82
후박나무 아래 3/83
풀의 집/84
절 벽/85
테크노피아/86
깡 통/87
개똥참외/90
空山明月/91
풀밭 위의 식사/92
房 門/94
따뜻한 그늘/96
무 덤/97
아카시아/99
누 란/100
한 잎의 女子 1/102
한 잎의 女子 2/103
한 잎의 女子 3/104
손/105
세헤라쟈드의 말/106

▨ 해설 · '길'과 '언어' 밖에서의 시쓰기 · 이광호/108

오늘의 메뉴

오늘은 안쪽에 놓인 식탁에서 식사를
하리라 그늘이 따뜻한 곳에서 식사를
하리라 그늘이 따뜻하지 않으면 내가 몸으로
그늘을 데우며 천천히 그리고 넉넉하게
그늘과 함께 식사를 하리라 광화문이나
남대문시장이나 난장 또는 신길동의 지천에
깔려 기고 있는 공약의 세월과 그늘이여
창가의 식탁은 하늘을 사랑하는 사람들이
앉도록 두고 보거나 가는 방향이 모두
길인 땅을 아는 사람들이 앉도록 두고
공약의 식탁과 벽과 벽 사이 그늘이
깊은 곳을 찾아 찾아올 날들의 식사를 하리라
인적이 끊어진 길을 더듬으며 가보다가
앞이 보이지 않으면 길가의 풀밭에 편히
앉으리라 날이 저물면 다시 나와 해가
뜰 때를 기다리리라 그러나 너무 늦게까지
기다리는 일은 없으리 해가 너무 늦게 뜰 때면
안쪽에서 내가 흑점이 되어 일어나리라

4월이여 식탁이여

비워둔 식탁 위에 무슨 일이
있나 숟가락과 젓가락이
더 낮게 앉고 그렇게
고단한 꿈인지 숟가락 밑에
녹이 한번 더 슬고
슬고 있는 녹 사이를 이른 땅 위의
그늘이 젖고
땅 위의 봄이 창밖에
버려진 플라스틱 병 안까지 비를
한번 더 들이밀고

얼마나 오래 마모되었는지
그것도 이름이 봄이던가 이름이 4월이던가
인간의 봄이 너덜너덜한 몸으로
의자를 끌고 와 식탁 곁에 앉고

하늘 아래의 生
—— 팬지꽃

아파트 공사가 한창입니다
먼지가 풀썩풀썩 납니다
하나, 둘, 여섯, 아홉, 열두울, 열여섯……
포크레인에 밀치는 돌덩이처럼 나는
트럭에, 널빤지에, 시멘트 포대에
밀립니다 15층 높이를 오르내리는
인부들 어깨 사이로 태양도 혼자
밀립니다 아파트 공사장 한쪽 귀퉁이
널빤지 밑에
전설처럼 팬지꽃 하나

밀리는 태양처럼 팬지꽃 하나
나를 쳐다보며

사랑의 대낮

솟구치는 질경이는 잎 뒤의 햇볕을
어디에다 두었나 잎 뒤가 텅 비었다
송장풀과 개비름은 잎 뒤의 그림자를
어디에다 숨겨두었나 그림자가 없는
육체라니! 숨긴 그림자 속에 무엇을
숨겨두었나 허물어진 아파트 단지
외곽의 땅이 개쑥갓과 쑥부쟁이처럼
부풀고 있다 드러누워 기고 있는
외풀은 다리를 어디에다 숨겨두었나
(그곳에 나는 오늘 가보고 싶다)
野古草와 바랭이는 허리를 어디에다
숨겨두었나 어디에다

이상한 새

나는 아파트 단지를 매일 서너 바퀴
돌았다 아파트 창들이 무덤처럼
소곤거렸다 설화의, 살아 있는 새가
순간 지상을 향해 날아올랐다 껌껌한

빛이 아파트 건물 뒤에 가려졌다

원피스

여자가 간다 비유는 낡아도
낡을 수 없는 生처럼 원피스를 입고
여자가 간다 옷 사이로 간다
밑에도 입고 TV 광고에 나오는
논노가 간다 가고 난 자리는
한 物物이 지워지고 혼자 남은
땅이 온몸으로 부푼다 뱅뱅이
간다 뽕뽕이 간다 동그랗게 부풀어
오르는 땅을 제자리로 내리며
길표양말이 간다 아랫도리가
아랫도리와 같이 간다
윗도리가 흔들 간다 차가 식식대며
간다 빈혈성 오후가 말갛게 깔리고
여자가 간다 그 사이를 헤집고 원피스를 입고
낡은 비유처럼

길 밖의 물

나는 지금 샛강에 서 있다
샛강은 길 밖의 물이요 물 밖의
길이라 이곳에서는 나도
길 밖의 물이요 물 밖의 길이다
그 물 속
그 길 위에

엉겅퀴와 개쑥갓 사이에 숨고 싶은 물과
엉겅퀴와 개쑥갓 사이에 숨겨지는
다 타지 못한 이제는 시대의
낡은 사랑 같은 연탄의 불기와
버려져 뒹구는 구두 속에 함께 흙에 묻히는
하늘의 밑창과
썩지 못한 콘돔처럼 방기된 새와
방기된 새처럼 날고 있는 물냄새의

샛강과 그리고 나는
여의도를 바라보다 물꼬를 놓쳐버린
물처럼 서서
그래도 물소리에 등을 밀리며

아스팔트

잘 다져진 아스팔트 길, 그 위로
    아이들이 삼삼오오 유치원을 갑니다
    아이들이 삼삼오오 국민학교를 갑니다
    중학교를 갑니다 고등학교를 갑니다
    대학교를 갑니다

하자가 생기면 보수를 서두르는 길
안전수칙이 정해진 길
    아이들이 그 길로 다시 돌아옵니다
    내일 다시 갈 그 길로 돌아옵니다
    어른들이 자동차를 타고 돌아옵니다
    사람들을 따라 지상의 시간도 돌아옵니다

궁륭 밑 그 길
길 밖의 나무가 망설이며
잎을 떨어뜨리다 멈추는 그 길

그는 아직도 팔굽혀펴기를 하고 있다
──영화 「뮤직 박스」 이후

건강한 정신은 건강한 육체에
깃든다며 그는 어린 손자와 함께
방바닥에 엎드려 팔굽혀펴기를
하고 있다 젊었을 때 독일 친위대의

특수과에 근무하며 자기 나라 헝가리
사람들을 돼지 잡듯 칼로 찌르고
금품을 강탈하고 산 여자의 입을 벌려
금이빨을 뽑아내고 할 때도 어린 아이를
총으로 쏘고 젊은 여자를 강간하고
국부를 담뱃불로 지지고 할 때도 그는
건강한 정신은 건강한 육체에
깃든다며 팔굽혀펴기를 부지런히 했다

전력을 감추고 미국에 이민 가서
아들 딸 낳아 기르면서도 아이들이 자라
성인이 되고 변호사가 되고서도 같은
말을 되풀이하며 건강한 정신을 위해
팔굽혀펴기를 했다 전력이

고발되고 재판에 회부되어서도 그는
딸에게 변호를 부탁하고 증인으로 나온
여자가 얼굴에 침을 뱉아도 눈 하나
깜짝하지 않고 자기는 훌륭한 시민이라고
아니라고 고개를 치켜들고 부인했다 딸이
사실을 알고 있다고 말해도 부인하면서

젊은 여자를 강간하고 국부를 담뱃불로
지지며 배 밑에 대검을 꽂아놓고
발가벗긴 여자에게 건강한 정신은
건강한 육체에 깃든다며 팔굽혀펴기를 시키며
즐거워한 그때처럼 손자에게 같은 말로
운동을 가르치고 있다 라즐로氏

한국명 羅卽奴씨 전력을 감추고 한국에
이민 온 그가 맑은 햇볕 따스하게
유리창을 파고드는 아늑한 거실에서 손자와
아직도 팔굽혀펴기를 하고 있다

사막 1

타클라마칸 사막에도 사람이 산다
모래의 우주 行間에 인간이 산다
팔이 둘 다리가 둘이다 아니 도리깨 같은
발가락이 열 개이다 우리 아버지와
똑같다 나와 똑같다 눈이 둘
옆으로 찢어진 입도 하나다!

니글니글한 양철 지붕 위의 호박
태양도 하나 얹혀 있다
타클라마칸
사막-------------------------------------

사막 2

타조 한 떼가 앞만 보고 무섭게 눈을 굴리며 뛰고 있네

신기루가 서 있네 태양도 서너 개가 한꺼번에 떠 있네
서쪽 신기루 숲의 마른 물냄새를 잡아채며

뜨거운 모래 사막에 푹 푹 빠지는 발을 번갈아 빼내며
휘청거리며

마땅히 앞은 길이요 희망이요 구원이니
앞의 새와 바람과 낙타가 너희를
즐거이 더욱 먼 사막으로 보내리니

타클라마칸 서울----------------------------

物 證

아프리카 탕가니카湖에 산다는
肺魚는 학명이 프로톱테루스 에티오피쿠스
그들은 폐를 몸에 지니고도
3억만 년 동안 양서류로 진화하지 않고
살고 있다 네 발 대신
가느다란 지느러미를 질질 끌며
물이 있으면 아가미로 숨쉬고
물이 마르면 폐로 숨을 쉬며
古生代 말기부터 오늘까지 살아
어느 날 우리나라의 수족관에
그 모습을 불쑥 드러냈다
뻘 속에서 4년쯤 너끈히 살아 견딘다는
프로톱테루스 에티오피쿠스여 뻘 속에서
수십 년 견디는 우리는
그렇다면 30억만 년쯤 진화하지 않겠구나
깨끗하게 썩지도 못하겠구나

비디오 가게

비디오 가게 구석에 竹桃花
한 그루 서 있다 창밖은
금지된 장난처럼 햇볕이 가득하고
손님이 없는 가게 안의
플라스틱 盆은 어둠을 퍼담고 있다
이곳에는 없는 사랑과 모험과 행복의
비디오 테이프를 보면서
어둠에 자주 씻겨 竹桃花의
허리는 오히려 금빛이다
손님 없는 틈을 타 주인이
보고 있는 「七彩如來神掌」에서는
모래 바람을 일으키는 掌風이
地上을 까맣게 쓸고 간다
무엇을 보았는가 가지 위의 잎 하나
온몸으로 내리꽂히며
내 발등을 친다
나는 진열대에 꽂힌
「내 인생에 불을 밝혀준 그대」
곁에서
「파라다이스」 곁에서

「카인과 아벨」 곁에서
「지옥의 초대장」을 뽑아들고
잎들과 함께 竹桃花의
햇빛에게 길을 묻는다

당신의 몸

오늘 오후 나는 인조 수세미 석 장을 팔았습니다

'수출용'이라고 포장된 가위 하나
양변기 청소용 솔 하나
플라스틱 물통 둘을 팔았습니다

수세미 석 장 팔아 300원 벌었습니다
가위(꿈이 많았던 존재여) 하나에 230원
양변기 청소용 솔과 플라스틱
물통 둘을 팔아 520원 벌었습니다

수세미는 죽지 못하고 허물허물
찢어질 목숨입니다 가위는 부러져야 하고
양변기를 닦아야 하는 솔은 죽을 때까지
대소변을 가리지 못하고
플라스틱 물통 둘은 평생 몸이
마르지 못할 목숨입니다

당신이 지나가야 하는 육교 위에 이렇게
물건을 내장처럼 펼쳐놓고 있는 나도

내가 파는 물건처럼
땅 위에서 마르지 못할 몸입니다
당신은 무슨 몸의 말로 내 옆에 서 있습니까

간판이 많은 길은 수상하다

서울은 어디를 가도 간판이
많다 4월의 개나리나 전경보다
더 많다 더러는 건물의 이마빡이나 심장
한가운데 못으로 꽝꽝 박아놓고
더러는 문이란 문 모두가 간판이다
밥 한 그릇 먹기 위해서도 우리는
간판 밑으로 머리를 숙이고 들어가야
한다 소주 한잔을 마시기 위해서도 우리는
간판 밑으로 또는 간판의 두 다리 사이로
허리를 구부리고
들어가서는 사전에 배치해놓은 자리에
앉아야 한다 이마빡에 달린 간판을
보기 위해서는 두 눈을 들어
우러러보아야 한다 간판이 있는 곳에는
무엇이 있다 간판이 있는 곳에는
무슨 일이 있다 좌와 우 앞과 뒤
무수한 간판이 그대를 기다리며 버젓이
가로로 누워서 세로로 서서 지켜보고 있다
간판이 많은 길은 수상하다 자세히
보라 간판이 많은 집은 수상하다

길 목

오늘 이 길에 와 있네 이 길에는
늙은 배추장수와 덤핑 책을 파는 삼십대
사내 하나가 나와 함께 있네 우리는 모두
길의 허리를 풀고 있네 그들도 나도
저 건너편으로 가기 위해서 살아 있는 새들이
잘 마른 햇볕에 새끼의 먹이를 데우는 일순처럼
땡볕 속에 서 있네

길 하나를 묶고 있는 것은 배추를 묶고 있는
몇 가닥의 새끼줄과는 달라서 늙은 배추장수도
이마에 땀을 흘리고 매듭이 어디에 있는지 모르는
덤핑 책장수는 길 뒤에 있는
복덕방만 힐끗거리네
이 길의 매듭이 건널목이 어디에 있는지
나도 물론 모르네 내가 아는 것은
배춧단이나 덤핑 책을 올려놓은 비닐 밑에서
숨어서 흐르는 물이 숨쉴 때 내는 소리 하나이네
그 소리가 내 어깨를 받치고 있지만 그 소리는
나보다 먼저 중심을 바꾸고 싶은
이 길의 나무들 잔가지가 가로채는지 자주 끊기네

지금 내가 아는 바는 저 배추장수가 벌려놓은 것은
겹겹이 둘러싼 잎이며 잎을 차례로 벗기면 그곳에
배추가 없다는 사실이네 배추의 잎들이 시드는
지상의 길 하나만 보인다는 사실이네 덤핑 책장수가
자주 보는 복덕방도 들어가는 문이 반대쪽에 있어
복덕방 안은 알 길이 없네

사실 같은 또는 그림 같은 사실의 오늘 이 길에는
배추장수와 덤핑 책장수와 내가 아주 잘 어울리네
시간은 이곳의 배추잎 같겠지만 배추잎이
없으면 시간도 보이지 않으리라
하루가 목마른 사람들은 이 시든 배추와 책장수도
믿지 않는 덤핑 책을 사려고 수고롭게 여기까지 오네
좌우의 가로수 사이로 아래 위의 집 사이로
교회와 판잣집 풀과 꽃 달과 별 사이로 오네
그러나 저 배추장수와 덤핑 책장수와
내가 가야 하는 저 건너쪽은 집만 보이고
먼저 간 사람들의 발자국이 보이지 않네

꿈은 모두 집이 좋아 방에 엎드려 있는지 집 밖으로는
사람들의 그림자도 드리워져 있지 않네
오늘따라 물통에 받아놓은 물조차 자주 엎지르는
배추장수와 모양을 바꾸다가 다친 나무들의
어깨 위에 숨은 별이 너무 반짝이는지 눈을 깔고
팔아야 할 책보다 길 따라 마르다가 다시 젖는
그늘을 보는 삼십대 사내와 함께 서서
나는 길 건너쪽에서 건너오는 강의 마른 물냄새와
이 길 위의 작은 돌들을 사내들 몰래 돌아눕히네

저 여자

좁은 난장의 길을 오가며 한 시간씩이나
곳곳을 기웃거리는 저 여자
월남치마를 입고 빨간 스웨터를 걸치고
한 손에 손지갑을 들고 한 손으로
아이들의 내복을 하나하나 들었다 놓았다 하며
이마에 땀을 흘리는 저 여자
시금치 한 단을 달랑 들고 그냥 가지도 오지도
못하고 망설이고 있는 저 여자
임신복을 둘러입고 배를 디룩거리며 정육점의
돼지갈비를 물끄러미 쳐다보는 저 여자
돼지갈비집에서 얻은 뼈다귀를 재빨리 비닐 봉지에
쓸어담아 뒤돌아보며 가는 저 여자
양장점 앞을 피해가는 저 여자
청바지를 입고 맨발로 슬리퍼를 끌고 나와
발뒤꿈치가 새까맣게 보이는 저 여자
간이 의자에 엉덩이를 걸치고 눈을 내리깔고
순대를 먹고 있는 저 여자
한 귀퉁이에 서서 이곳 사람이 아니라는 듯
초초하게 먼 하늘을 보고 있는 저 여자

질퍽거리는 난장의 길 위로 타이탄 트럭에
싸구려 화분을 잔뜩 싣고 온 꽃장수의
치자꽃이 여기가 어딘지도 모르고 척 척 향기를
사방으로 풍기는
흐린 어느 봄날

····················저 여자

그 여자

거울 속에, 그 여자는 구두를
        벗어두고
거울 속에, 그 여자는 침대 위에 던져놓은
        스타킹을 그냥 두고
거울 속에, 그 여자는 흐린 별을 보던
        창을 두고
거울 속에, 별에 녹아버린 눈동자를
        그냥 두고
그 여자는, 거울 속에 피우던 담배를
        재떨이에 두고
        연기 한 줄기도 두고
그 여자는, 거울 속에 꽃병에 시든
        꽃을 그대로 두고
거울 속에, 그 여자는 마른 눈물을
        화장대 위
        손수건 사이에 두고

그 여자는 사라졌다 아득히
거울 밖으로

사랑의 감옥

뱃속의 아이야 너를 뱃속에 넣고
난장의 리어카에 붙어서서 엄마는
털옷을 고르고 있단다 털옷도 사랑만큼
다르단다 바깥 세상은 곧 겨울이란다
엄마는 털옷을 하나씩 골라
손으로 뺨으로 문질러보면서 그것 하나로
추운 세상 안으로 따뜻하게
세상 하나 감추려 한단다 뱃속의 아이야
아직도 엄마는 옷을 골라잡지 못하고
얼굴에는 땀이 배어나오고 있단다 털옷으로
어찌 이 추운 세상을 다 막고
가릴 수 있겠느냐 있다고 엄마가
믿겠느냐 그러나 엄마는
털옷 안의 털옷 안의 집으로
오 그래 그 구멍 숭숭한 사랑의 감옥으로
너를 데리고 가려 한단다 그렇게 한동안
견뎌야 하는 곳에 엄마가 산단다
언젠가는 털옷조차 벗어야 한다는 사실을
뱃속의 아이야 너도 태어나서 알게 되고
이 세상의 부드러운 바람이나 햇볕 하나로 너도
울며 세상의 것을 사랑하게 되리라 되리라만

明洞 1

명동 입구, 하고도 맑은 대낮

옛날 옛적에 박새가 날며
또는 굴뚝새가 날며 흔들어놓았을 나뭇가지 두어 개
아직도 멈추지 않고 그대로 흔들리고 있는
그 길로
들리지 않는 비비새나 두어새 소리 사이의 길로
지리산 화엄사의
그 不二門을
그 둘이 아닌 문을
멈추지도 않고, 뒤돌아보지도 않고, 주저하지도 않고
덜컥덜컥
사람들이 들어가듯

겁없이, 턱없이, 길없이
명동이 무슨 산의 門인지나 아는지
사람들이

明洞 2

안에서나 밖에서나 투명한 유리창 모두는
처음부터 하늘이 아니었으니
너는 무엇이었겠는가 내가 가며 닦는 이 길
좌의 테라스, 우의 청솔밭
우의 페페, 좌의 모모 사이로 난 길
후문으로 난 길도 사람들은
길이라 즐겁게 걷지 않느냐

피자 전문점으로 가는 길이냐
말구유 냄새가 나는 집으로 가는 길이냐
가는 곳이 오늘의 길이냐
묻지도 않고
느닷없이 이곳에 몰려온 노랑나비 한 떼
내 머리 위로 왁자지껄 왔으니

낮달에 뿔을 걸고
본 적도 없는 거대한 코뿔소
한 마리가 저쪽에서 곧 오리니

明洞 3

사랑이란…… 줄무늬가 있고 층계가 있다. 층계 밑은 사랑이란…… 어딘가 있다는 은유이다. 반드시 사랑이란…… 올라가야 하고 보이기는 하지만 유리로 막힌 안의 세계여서 들어가자면 문을 자기 힘으로 당겨서 열어야 한다. 자기가 열고 들어가지 않으면 사랑이란…… 없다.

사랑이란…… 걸어가야 할 자리와 앉을 자리와 설 자리가 있다. 앉을 자리에 서면 사랑이란…… 흔들린다. 그런 자리마다 칸막이가 되어 칸막이 밑바닥은 서로 다리와 별을 숨기고 따로 불을 밝혀야 한다. 하늘은 칸막이 너머의 창으로 커튼을 열고 불러야 한다. 사랑이란…… 그렇다.

사랑이란…… 먼지가 하얗게 앉은 드라이플라워가 한쪽 구석에 밀려 있고 꺼진 전구가 낮달처럼 매달려 있다. 사랑이란…… 모든 불이 켜져 있지는 않다. 밖에서 오는 전언은 전화기를 든 사람에게만 들린다. 물론 사랑이란…… 여러 층층의 편지꽂이가 한쪽 벽에 있기도 하다.

Love is…… Café Love is……

明洞 4

반쪽만 빨간 구두 한 켤레가 간다
점점만 빨간 구두 한 켤레가 닿는
점점의 길을 끊으며
전폭적으로 검푸른 구두 한 켤레와
부분적으로 검붉은 구두 한 켤레와
나란히 가다가 에스콰이어 앞에서
        니나리치 앞에서
        비제바노 앞에서
        브랑누아 앞에서
뒷굽을 들었다가 내리며 내렸다가 비틀며
기울며 나란하지 않게…… 그렇게

사랑이여, 길인 사랑이여, 길의 끝에서
만나는 섬의 심장이여, 말보다 먼저 지어놓은 절이여
너의 따로따로 외로운 육체는…… 그렇게

明洞 5

그대, 지금 어디에 서 있느냐
칠 센티미터 높이 하이힐의 중심은
어디로 기울어 있느냐 기운 쪽의
세계는 가브리엘이냐 플라멩코냐 아니면
밀라노이냐 길은 기운 쪽을 지지하리
어디로 발꼬락이 놓여 있느냐
발꼬락은 비좁은 하이힐 속에서
태아처럼 꼼지락거리리
그대, 지금 어디쯤 가고 있느냐
가브리엘의 동쪽은 어디이냐
메시지나 러브 보트의 개울에
무릎이 잠기는 물은 어떻게 건너느냐

두 개의 낮달

낮달이, 두려워라 두 개 떠 있네
서울 영신빌딩 더러운
지하 계단 입구 액세서리를 펼쳐놓은
여자의 귀밑

지하의 바다를 밀고 당기는
하늘의 달, 두려워라 저리 작게
구석에 밀려 아무도 못 보네
나도 그 밑에 서지 못하네

그녀 다시 보니 가면을 썼네
납빛 피부에 꺼멓게 뚫린 두 눈
큰 입은 유달리 붉네
그녀 얼굴 아무도 못 보았네

찾아오는 사람에게 그녀 묵묵히
액세서리만 파네 세상을 파네
귀밑머리 종종 날리며
지나가는 사람 부르지도 않네

서울의 그녀 양쪽 귀밑에서
두 개의 낮달, 두려워라
난폭하게 떠다니며 종일
서로 다른 바다만 밀고 당기네

다라니경

똑똑똑, 나모라 다나다라 야야 나막알약 바로기제 새바라야(집을 찾다 문득 돌아보면 때로 나는 남대문시장에서 경을 외는 스님 곁의 길에 서 있나니, 똑똑) 모지사다바야 마하사다바야 마하가로 니가야(야, 네 옷 샀다는 집이 어디냐, 멀었냐? 아니 다 왔어. 씹할년 급하긴——) 옴살바 바예수 다라나 가마야 다사명 나막까리 다바이맘 알야(어제 저녁에 애 아버지가 크레디트 카드 청구서 날아온 걸 보더니 뭐랜 줄 알아? 후후후, 불 속에 집어던지겠대, 한 번만 한 번만 더 그러면…… 던지라지 뭐, 글쎄 누가 아니래?) 바로기제 새바라다바 이라간타 나막하리나야 마발다 이샤미 살발타 사다남수반 아예염 살바 보다남 바바마라 미수다감 다냐타(어떤 관원이 물어 가로되 선한 선생님이여 내가 무엇을 하면 영생을 얻으리이까, 예수께서 이르시되 네가 어찌하여 나를 선하다 일컫느냐 하나님 한 분 외에는 선한 이가 없느니라, 저 사람 정말 바른말 한번 하네, 너 또한 선하지 않으리니—— 좀 선해져라, 어때, 말되네, 말되지?) 옴 아로계 아로가 마지로가 지가란제 혜혜하례(야, 너 뭐하니 빨리 와, 알았어! 간다니까 이것만 잠깐 보고) 마하모지 사다바 사마라 사마라 하리나야 구로구로 갈

마 사다야 사다야 도로도로 미연제 마하 미연제 다라다라 다린나례 새바라 자라자라(네가 계명을 아나니 간음하지 말라, 도적질하지 말라, 거짓 증거하지 말라, 네 부모를 공경하라 하였느니) 마라 미마라 아마라 몰제예 혜혜 로계 새바라 라아 미사미 나사야 나베 사미사미 나사야 모하자라 미사미 나사야 호로호로 마라호로 하례 바나마나바 사라사라 시리시리 소로소로(너, 어제 그 기집 어떻게 했어? 야아, 거 다 아는 이야기 그만하라우, 수입상가에 어제 갔는데 말야 그치가 준 것들 거기에서 제일 싸구려만 골라줬지 뭐야!) 못쟈못쟈 모다야 모다야 매다리야 니라간타 가마사 날사남 바라하라나야 마낙 사바하 싯다야 사바하(저 쭝놈이 뭐라고 쭝얼대고 있는 거야? 낸들 알아, 모르면 가만있어…… 이것은 내가 어려서부터 다 지켰었나이다, 예수께서 이 말을 들으시고 이르시되 네가 오히려 한 가지 부족한 것이 있으니 네게 있는 것을 다 팔아 가난한 자들을 나눠주라 그리하면 하늘에서 보화가 네게 있으리라…… 아이, 아까워 바가지 썼나봐) 마하싯다야 사바하 싯다유예 새바라야 사바하 니라간타야 사바하 바라하 목카 싱하목카야 사바하 바나마 하따야 사바하(……그때 그랬어야 좋았을 걸 그랬어요, 그때 그랬어야 좋았을 걸 그랬어요, 처음 본 그 순간 할말을 잊었소, 간다고 할 때 잡지를 못했어, 그때 그랬어야 좋았을 걸 그랬어요……) 자가라욕타야 사바하 상카섭나녜 모다나야 사바하 마하라 구타다라야 사바하 바마사 간타이사 시체다 가릿나 이나야 사바하(듣는 자들이 가로되 그런즉 누가 구원을 얻을 수 있나이까, 그런즉 누가 구원을 얻을 수 있나이까) 먀가라 잘마 이바사나야 사바하 나모라 다나다라 야야 나막알야 바록기제 새바라야 사바하 나모라 다나다라 야야 나막알야 바록기제 새바라야 사바하 나모라 다나다라 야야 나막알야 바록기제 새바라야 사바하, 똑똑똑, 똑또르르.

젖지 않는 구두

한 사내가 번뜩이며 급히
내 앞을 가로질러 간다 한 여자가
어깨를 무너뜨리며 급히 비껴선다 지랄하네
이쑤시개를 물고 혹은 입맛을 쩝쩝
다시며 함께 몰려오던 일단의 사내들이
서로 쳐다보지도 않고 길을 간다
이마 위로 호텔의 만국기가 주르륵 밀리고
남산의 허리가 시꺼멓게 구멍이 뚫린다
그래도 남산은 무너지지 않는다 나도
길을 하나 만든다 길은 사람을 다치기 싫어
자꾸 구불거린다 내가 만든 길 옆의 서울
음파사는 사랑하는 옥경이를 찾아 고함을
지른다 옥경이가 아닌 여자들이 이빨을
반짝거리며 사랑의 매듭을 훑는다 그런데
말이야 아 그 개 같은 자식이 날 우습게
생각하나봐 너 그 남자와 끝났다고
했잖아 나 참 그치가 정치가라고
우리나라에도 정치가가 있어? 웃기지 마
웃기지 마 플라타너스가 잎을 하나 떨어뜨린다
빗방울이 바겐세일처럼 사방의 몸을 치며 떨어진다

비를 피해 급히 달리는
사람들은 발이 젖지 않는 구두를 신었다

하늘엔 흰구름 떠돌고

공중전화 박스 옆에서 한 아이가
울고 있다 칸칸의 박스 안에는
제각기 간절하고 급한 어른들이
전화선에 매달려 혹은 손짓하고 혹은
발짓하고 아이스콘을 빨다 울고 있는
아이의 목줄기로는 눈물보다 차가운
얼음물이 벌겋게 흘러내리고 거리를
떠도는 아이의 시선을 지나가는 사람들이
툭툭 치며 간다 그럴 때마다 아이의
눈에서 눈물이 쭐쭐 나온다 저 아이는
아마도 한국에서 태어나 혼자일 때
하느님과 통화하는 방법을 모르리라
저기 바라보이는 성당에는 하느님과
직통 전화가 가설되어 있으리라 그러나
공짜로는 안 되리라 한 사내가 아이 곁에
앉아 무어라고 달래지만 아이는 고개를
저으며 한사코 운다 울긋불긋 유명 메이커
상표의 타이탄 한 대가 서더니 아이를
밀치고 음료수 상자를 척척 쌓는다 상자가
하늘을 오르기 시작하더니 아이는 금방

간 곳 없고 하늘엔 흰구름 두둥실 떠돌고
상자 가득 얼굴이 누우런 오렌지 주스
병들은 출동 직전 서울의 전경처럼

세계는 톡톡 울리기도 한다

한 남자가 가운데가 접힌 식단표 사이로
머리를 박는다 한 여자가 즐거운 얼굴로
남자의 세계를 건너다본다 건너다보는
세계는 아름답다──고 누가 말했다면 나는
이 순간을 위해 믿고 싶다 그사이 벽을 타고
기어내려오던 고고 한 가락은 힘에
부치는지 여자의 목을 잡고 늘어진다 오오
나는 당신께 사랑을 원하지 않았어요──
한 남자가 고개를 들고 여자를 보며
뭐 먹을래 한다 한 여자는 먹지 않아도
배부른 표정으로 당신 먹고…… 한다
주문받으러 오던 사내가 창가에 멈춰서서
발장단을 치며 그대 모습 오늘따라
어제 같지 않아 어제 같지 않아 한다 창밖엔
하늘 대신 튼튼한 옆집이 가리고 있다
펄럭이지 않는 커튼이 정말 믿음직하다
남자는 다시 식단표 사이로 고개를 처박고
여자는 손가락으로 식탁을 가볍게 톡 톡
친다 세상이 저렇게 가볍게 톡 톡 울린다
고 누가 말했다면 이 순간을 위해
내가 믿지 못할 이유를 누구에게 물어보랴?

목캔디

사랑하는 그대가 아 그대가
롯데 목캔디를 먹는다

그대가 나를 보면서 롯데
목캔디 뚜껑을 연다 함께
입을 아 하고 벌리며
입 속에 바람을 넣고 연다
아름답게 인쇄된 모과 엑기스와
천연 허브향 첨가라는 말의 진실도
엉덩이를 반쯤 들다가 세계의
중심을 잃는다 이제 그대는
나를 보지도 않는다 뚜껑이
반쯤 열린 통 안에서 캔디들이
무방비 상태로 속옷 차림으로
갇혀 있다 그대가 입 속의
바람을 빼내며 서슴없이
캔디 하나를 잡아챈다 속옷을
좌악 찢고 알몸의 캔디를
입 속에 집어넣으며 침을 삼키며
나를 보고 웃으며

사랑하는 그대가 아 그대가
롯데 목캔디를 먹는다

그대는 나를 보며 웃고
기고 있는 담쟁이가 거머쥐고 있는 흐린 하늘
어디선가 누가 죽고 있다
누가 발가벗긴 채

제라늄, 1988, 신화

생각하면, 피부도 자연의 일부……
드봉 미네르바
브라 스스로가 가장 아름다운 바스트를 기억합니다
비너스 메모리브라
      국회의원 선거 이후 피기 시작한
      아이비 제라늄이 4, 5월이 가고
꽃과 여인, 아름다움과 백색의 피부,
그곳엔 닥터 벨라가 함께 갑니다, 원주통상
      6월이 되었는데도 계속 피고 있다
착한 아기 열나면 부루펜시럽으로 꺼주세요
      여소야대 어쩌구 하는 국회가
까샤렐──빠리쟌느의 패셔너블셴스
      개원되고 5공비리니 광주특위의
사랑의 심포니──상일가구
      말의 성찬이 6월에서 7월로 이사하면서
LEVI'S THE BEST JEANS IN THE WORLD
      가지가 부러지고 잎이 상했는데도
태림모피는 결코 많이 만들지 않습니다
그리고 최고가 아니고는 만들지 않습니다
      제라늄은 계속 피고 있다 베란다에서

송수화기 들지 않고 전화를 걸 수 있습니다
오토감마 500
  한 줄기에서 꽃이 지면 다른 줄기에서
당나라의 양귀비가 실크로 가슴을 감싼 지가 1287년이 지난 오늘
이제 당신도 진짜 실크로 만든 란제리를 즐길 수 있게 되었습니다, 실버벨
  일어서고 무슨 역사를 말하려고 하는지
  이어서 피고 있다 떨어진 꽃잎은 이제
사랑스런 아가에겐 엘핀스를!
아빠에겐 승용차를!
라라 엘핀스 사은잔치
  땅에서 쉬리라 나자로 마을의
표현하지 못할 개성은 없다, 오스카화장품
  한 사내처럼 죽어서 편하지 못한 꽃잎도
  쉬기는 쉬리라
비타민 E를 온몸에 바르면 어떨까요?
애경폰즈
  목을 길게 내민 제라늄 어깨 너머로 외로운
감성은 뜨겁게 표현할수록 좋다, 귀족 액세서리 조디익

      새들은 무너지는 오후의 대열을 비껴날며
과학적인 이유식, 밀루파매일
변비에는 역시 둘코락스
      솟구친다 가라 치부는 가볍고 물은
    먼 강에서 온다
20세기 피임의학의 결론! 라이보라
      골목의 풀들은 조금씩 독이 오르고
언더웨어의 하이 소사이어티――트라이엄프!
히트세탁기만이 국내 유일 전과정 전자동!
      아버지는 무너지고 아니 오는 시간 대신
성공남――그는 외모에서부터 인정받는다, 맨스타
      풀을 쥐어뜯고 아이는 가출하고
칼스버그, 130개국 세계인이 공감하는 그 깊은 품격――
침구 수예패션의 귀족, 로자리아

바다로 가는 길

유도화나 삼나무 그리고 측백과
저밤나무는 땅에서 안녕했습니다
정방이나 천지연폭포 서귀포의
바다는 물에서 안녕했습니다
나는 그 서귀포의 길에서
사람으로 안녕했습니다

유도화는 내가 도착하기 전에
설친 잠으로 몸이 좀 불어 있었습니다
저밤나무는 이제 막 꽃을 터뜨리며
다른 나무를 위로 당기며 부풀고
정방은 오가는 사람들을 불러모아놓고
떨어지는 길이 어디인가를 말하려고
몸을 맑게 하고 있었습니다 바다는
물 밖으로 조금 노출하긴 했지만
전혀 깊은 몸을 안심하는 눈치였습니다

삼나무와 측백이 가리키는 길은
여전히 한라의 백록이었고 천지연은
싱싱하게 내리꽂히면서도 고개를 돌려

같은 쪽으로 가리켰습니다 그렇지만
몇몇의 길은 바다로 가고 있었습니다
그 길은 내리막길로 안녕했습니다

바쁜 것은 바람이다

8월의 마닐라는 걸핏하면 바람이 불고 비가
쏟아진다 사람들은 우산을 가졌거나 아니거나
서두르지 않고 바쁜 것은 바람이다 익숙하지
못한 나는 담장 밑에 선다 바람은 어디서부터
서서히 미치게 되는 것일까 로하스 대로를
바람들이 우우우 몰려와 달려도 야자수들은
단지 흔들릴 뿐이다 코밑에 수염을 기른
이십대 청년이나 트라이시클을 몰고 가는 사십대 사나이나
우산을 든 여학생이나 뛰는 사람이 아무도 없다
바쁜 것은 대륙을 꿈꾸는 검은 구름이나 구름을 몰고 있는
바람이다 혼미한 낮은 구름들이 스스로 예측할 수 없는
비를 쏟을 때마다 바람 속 어디선가 비린
냄새가 난다 이 비린 냄새! 오로지 바쁜 내 몸 속이나
바람의 몸 속에 있으리라 사람들은 바람 부는 거리에서
이곳의 집처럼 바람구멍이 있어 비로소 튼튼하다
반시간도 되기 전에 바람은 지쳐 거리에 눕고
구름은 하얗게 마른다 그때의 하늘은 언제나 물빛이다

여기 사람들은 바람을 알고 있다!

WENG WENG

에스쿠데로家에 도착하니 흑우 카라바오가
牛車를 끄네 잘생긴 야자수가 우거진
넓은 장원의 길을 한 젊은이가 앞에서 카라바오를
몰고 뒤에 앉은 젊은이 하나는 기타를 치고
어여쁜 두 처녀가 타갈로그 말로 노래를 부르며
멀리서 온 방문객을 태우고 숲속을 가네
맑은 대낮 높고 낮게 열정적으로 끊고 이으며
그 노랫소리는 야자수 사이로 가기 전에
나부터 치네 돌아가라 돌아가라 이곳은 네가
머물 곳이 아니다 아니다 기타는 그렇게 아니다
아니다 햇빛을 텡텡 튕기고 두 처녀의
노래는 이곳까지 흘러온 나를 빤히 쳐다보며
높고 낮게 끊고 이으며 꽃잎 벙글리듯 나를 여네
넓은 장원은 가도가도 야자수가 우거져 있고
곳곳에서 일당 4~5불의 인부들이 나무를
건사하고 노랗게 익은 난소네스 열매를 따고 길을 쓸며
밖에서 길거리를 헤매고 있을 아이들과 나를 쓱쓱 쓸며
돌아가라 돌아가라 네가 머물 곳이 아니다 아니다
노래하는 두 처녀의 전언을 다시 내 앞으로 보내네
코끼리보다 힘이 세다는 카라바오는 길만을 따르고

앞에 앉은 젊은이는 나를 보지도 않고
처녀의 노래에 박수만 맞추네 돌아가라 돌아가라——

* WENG WENG: 우차의 이름.

목수네 아이

카마공 거리에 세부섬의 한 목수네가 사네
길가에서 보면 칼라쿠치와 붕가빌로와 야자수나무들 사이
작은 섬처럼 떠 있는 집들 닭들이 모이를 찾고
일자리가 없는 젊은이들이 나라나무 그늘에서
장기를 두네 판자와 대나무와 양철로 얼기설기
얽어놓은 단칸방의 집에서 목수의 마누라와 다섯 아이가
점심을 먹네 어떡하다 우리집까지 흘러왔냐며 나에게 묻는
마누라는 죄지은 듯 웃고 접시에 담긴 밥알을 맨손으로
긁고 있는 세 살부터 일곱 살까지 연년생들이 느닷없이
찾아든 이방인을 보고 한 손으로는 입으로 급하게 밥알을
긁어넣으며 엉거주춤 일어서네 목수는 어느 거리에서
몇 페소를 위해 기웃거리는지 아버지가 없어도 방은
넉넉하게 가득하네 옷가지는 벽에 걸고 몇 개의 식기는
손바닥만한 탁자 위에 놓고 보니 이 집은 얽어놓은 판자와
대나무 사이로 들어오는 더운 바람밖에 더 없네

목수네와 같이 엉켜 있는 이곳 카마공의 단칸방 사람들은
무엇이 두려운가 서로 끌어안 듯 붙여 집을 지었네
너 예쁘구나 하며 서툴게 이름을 묻는 나에게
둘째인 아이가 자기의 볼을 쓰다듬는 내 손을 보며
리자라고 하네 리자라고 하며 웃네 그 웃음 하나에
입가에 엉켜붙었던 밥알이 허수히 툭툭툭 떨어지네
그러나 창밖의
붕가빌로나무들은 색이 다른 꽃을 다투어 내밀고 있네

짐승의 시간

아직도 죽음의 마르지 않는 바람이나
물의 기억은 마른 몸 어디에서
기어이 흐르고 있으리라

나는 낡은 갈대발을 껴안고 유리창에 내걸며
짐승처럼

이토록 밝은 나날

공 룡

별이 빛나지 않는 밤 내가 사는
中生代의 신길동 아파트 단지에
공룡이 찾아온다 너의
단지에도 가리라 온몸에
철갑을 두르고 등에 삼각형
골판을 좌우로 두 줄이나 꽂은
검룡 스테고사우루스의 몸뚱이가
동편 5단지를 지날 때면 中生代
쥐라紀의 가장 거대한 뇌룡
브론토사우루스가 30톤의 몸을 끌고
6단지 입구로 들어선다
문을 걸어잠근 주민들은 이제
곧 끝날 쥐라紀 마지막 몇 밤의
베란다에 불을 밝히고
흐려지는 한 세기의 창을 닦는다
뇌는 작고 몸집만 비대하게 하는
뇌하수체만 발달한
이 지상에서 며칠 후면 사멸할
거구 파충류의 포효 소리를 듣는다

서편 6단지는 그들이 멸종할 순간까지
보안등만 외롭게 밝히리라
내가 외롭게 밝히리라
몸이 무거워 작은 머리조차 들기 힘든
스테고사우루스의 등줄기 골판을
주민들은 쥐라紀의 유품으로
아파트의 잔디밭에 놓고 싶어한다
곧 쥐라紀는 끝나리라 이어
中生代의 마지막이어야 하는
그러나 믿을 길 없는 白堊紀가 닥치리라
쥐라紀의 땅에서나 살 수 있는
브론토사우루스여
별이 빛나지 않는 밤의 어둠을
끄악 끄악 꼬리로 휘젓는 공룡이여

달과 어둠

진돗개 암놈이 코를 끙끙거리며 앞서간다
진돗개 수놈이 뒷짐을 지고 따라간다
잡종들이 엉거주춤 따라간다
숲에서 인동초 하나가 불쑥

고개를 내밀었다가 잡종의 다리에 밟힌다

구례 화엄사 입구
잡종 하나가 뒤에 오는 잡종의 눈치를 본다
잡종 둘이 앞서가는 잡종의 눈치를 본다
잡종 하나 무조건 앞선 잡종의 엉덩이에 바싹 붙는다

구례 화엄사를 끼고 흐르는 개울물에
보름달이 옷 벗고 들어가 놀고 있다
活句下薦得 둥둥 色之空 空之色 등등

진돗개 암놈이 옷을 벗을 줄 몰라 뒤돌아본다
진돗개 수놈이 단추를 풀 줄 몰라 뒤돌아본다
잡종들이 무슨 일인지 몰라 뒤돌아볼 때

둥둥 떠다니는 놀이 뒤로 밀려나 있던
구례 화엄사의 뒷산 어둠이
活句로 왈칵 몰려온다

태양과 별

명동에서 나는
엊저녁에 꿈꾸었던
닭 한 마리를 보았다
엉성한 합판 손수레
바퀴 아래서 눈을 멀뚱거리며
나를 모르는 눈치였다
명동에서 나는
엊저녁 꿈꾸었던
귀부인을 보았다
실크 원피스를 입고
삼각뿔 모양의 상아 귀고리를 하고
구두 상점을 기웃거리고 있었다
엊저녁엔 닭을 안고
나를 달 속으로 안내했는데
오늘은 모르는 체했다
엊저녁 꿈꾸었던
사람들 다리 사이로 굴러다니던
쌍둥이 태양도 보았다
태양이 보였으니 이제 곧 밤이 오리라

그리고 아침이라는 이름의
쌍둥이 별이
서편에서 지리라
내가 어제 꿈꾸지 않았다면
오늘 저것들은
무슨 모양으로 저기 섰을까

新生代
다른 비가 오기는 오리라
비를 맞으며 담장 밑에서 풀들이
코와 눈이, 입과 귀가 서로
다른 비를 기다리고 있다
지금 떨어지는 비를 탁탁 튕겨내며
기다리고 있다 흙 속에서
이마를 드러낸 작은 돌과
깡통의 좌우 모서리도
지금을 탁탁 튕겨내고 있다
다른 비가 오기는 오리라
지금 그들과 내가 함께 맞는
이 비가 아닌 비가, 눈과 귀가 기다리는

등과 배가 기다리는 비가
빗줄기 사이 바람 오듯 오기는 오리라
그러나 고생대 페름기의 양서류가 기다렸던
중생대 쥐라기의 괴조가 기다렸던
우리들 신생대의 자작나무가 기다리고 있는
비가 키가 자꾸 자라는 우리들 자작나무의
비가 오기는 오리라

돈 황

 꿈꾸고, 욕망하고, 욕망의 굴을 파고, 환상을 보고
 깎고, 다듬고, 색칠하고, 허물고, 깎고, 다듬고, 색칠하고

 다시 꿈꾸고, 욕망하고, 욕망의 굴을 파고, 허물고, 파고
 굴속에 들어앉아, 외치고, 부르짖고, 통곡하고,
 흩어진 환상을 불러모으고, 깎고, 다듬고, 허물고 다시 깎는

 저기, 저 길 건너 아파트 대단지의 검은 구멍 속의

山1番地의 한없이 넓은 구멍 속의
우리집 어두운 구석구석의
잎 진 나뭇가지가 위로 위로 파고 있는 흐린 하늘 속의
저 돈황의 석굴
저 千佛洞

서울의 鳴沙山에는 모래처럼 눈발이 무너져내리고

너

돌멩이 하나도 여기 길목에서
福者로 여무나니

길에서나 길 밖에서나 마땅히
너는
쇠붙이의 태양과 바람 속에서도 너는

牧 丹

습관이란 무섭다 북경의 한 飯店에
짐을 풀자마자 텔레비전을 켜고 채널을
돌려본다 놀라워라 채널 4에서
牧丹이란 화장품을 선전하고 있다

天安門에는 진눈깨비가 치고
TV 속 중국의 한 곳에는 牧丹이 피고 있다!

나는 木月詩 한 구절을 쫑얼댄다
장독 뒤 울 밑에
牧丹꽃 오므는 저녁답
木果木 새순밭에
산그늘이 내려왔다
      워어어임마 워어어임

역사를 찾아서

프랑스 조계에 있었다는 上海의
대한민국임시정부의 청사를 찾아 길을 간다
난방 시설이 없는 상해의 인민들이
낡은 이불솜을 버스가 다니는 거리까지
가로수에 걸쳐 말리는 12월 초순
사람들과 자전거를 피해 이리저리 몸을 비키며
한나절 걸어 검붉은 벽돌담들 저희들끼리
엉키고 있는 이름 모르는 골목을 간다
낡아가거나 허물어지거나 모두 사람 것인
집집에서 흘려보낸 개숫물이 벽돌담
밑을 타고 질척거리고 어느 나라나 마찬가지로
만화책을 든 아이들이 부모를 피해
한구석에 쭈그리고 앉아 환상을 먹고 있는 골목
집 밖으로 걸쳐놓은 장대에 한쪽 가랑이를 걸고
다른 한쪽 가랑이가 내 마빡을 치는
중국놈의 속옷을 손을 밀치며 햇빛도
들지 않는 한 골목을 간다 朱氏라든가
무슨 氏라도 아무 상관도 없는 어떤
중국인이 산다는 집을 찾아서 이곳 사람의
필수품이라는 햇빛에 말리려고 골목에다 내놓은
중국식 요강인 마통의 지린 냄새를 삼키며

朴殷植之墓

상해에 사는 사람 아무나 죽으면
그곳에 갖다 묻었다지만 이름만은
그래도 사람이 사람에게 부끄럽지 않게
산 사람이나 죽은 사람에게 어울리게
만국공원묘지──그러나 지금은
그 이름도 빼앗기고
宋慶鈴定陵
중국의 한 송씨 가문의 묘역
한구석에 韓國痛史와
韓國獨立運動之血史가 묻혀 있다

땅에 붙어 있는
한 뼘 길이의 장방형 묘비
小學校 시절 잃어버린
내 名札 같다!

十全路의 밤

밤 7시만 되어도 蘇州의 십전로에 있는
공영 상점은 모두 문을 닫고 이빨 빠진 듯 있는
한두 평 크기의 개인 상점 불빛이
빽빽한 백양나무 가로수의 허리를 훑는다
시 외곽의 吳門이나 北塔을
더듬는 달빛도 백양나무 사이로 내려와
함께 길을 열지만 헤매는 사람은
나처럼 이곳을 모르는 사람들이다 蘇州의
인민들은 싸구려 서화나 골동품을 뒤적거리며
중국으로 가는 길을 묻지 않는다 자전거를
집 안에 들여놓고 외제 컬러 TV나 냉장고를
꿈꾸며 外事를 보는 친인척이 번다는
엄청난 달러 액수를 얘기하며 식탁 주변을
데운다 십 년 동안 일본 관광객이 훑고
지나간 십전로의 개인 상점에 무엇이 남았겠는가
그래도 멍청한 관광객이 아직도 속아주는
그림이며 문방사우며 도자기를 팔아 관광철에는
인민들의 봉급 열 배는 쉽게 번다는 장사치들과
함께 잠들지 못하는 십전로의 이빨 빠진 불빛들
다가올 철을 기다리며 어리석은 사람들이 찾을

중국화를 그리며 삼십대 후반의 한 시골
여류 화가며 접주인 여인은 그래도 내가 보니
얼굴을 붉힌다 어두운 골목에서도
이곳을 헤매고 다녔다는 寒山 또는 拾得의
발소리를 나는 듣지 못했다 듣지 못했다고
12월의 별들이 내 머리 위의 동서와
남북의 흐린 나뭇가지들을 맵도록 후려친다

別 曲

　육체도 없이 늘 사랑한다고 말하며 와서 함께 자고 가는 시간
　의 이불 밑에서
　이불 밑에서 나와
　혼자 식탁에 숟가락을 놓고 있는 여인이여

호모 사피엔스 출신

보행기를 처음 타보는
호모 사피엔스 출신 아이
으으아 으으아 환성을 지르며 발을 구른다
으으아 으으아 환성을 지르며 앉았다 일어선다
그때마다 보행기는 앞으로 가지 않고 뒤로 밀리고
앞으로, 이리 오라고 손짓하는 사람과 멀어지고
다급하게 앞으로 손을 내밀지만
내미는 순간 더 뒤로 밀리고
앉는 순간 엉덩이의 무게가 뒤로 쏠리고
일어서는 순간 바닥에 닿는 다리의 힘이
무릎 관절에 꺾여 뒤로 쏠리고
뒤로 뒤로 보행기는 밀리고
좌우 벽에 부딪히고
가야 할 길을 접어 숨기고 있는
바닥과 멀어지고

으으아 으으아──
으으아 으으아──

환멸을 향하여
—— 90. 9. 4. 석간 신문 일면의 사진 한 장

숲의 나무들처럼 사람들이 빽빽히 들어서 있다
판문점 군사분계선을 넘어온 한 사내가
영접나온 한 사내와 어깨를 나란히 걸고 있다
튼튼한 나무처럼 한 손을 흔들며 이빨을 드러내고
웃으며 서 있다 오른쪽 팔을 들고 전면을 향해
손을 높이 들어올리느라고 한 개의 깊은 계곡이 양복
오른쪽을 파고 있다 손을 흔들지 않고 있는 영접나온
사내의 양복에는 밋밋한 산기슭이 숨쉬지 않고 있다
숲의 나무처럼 뒤로 사람들이 가득 들어서 있으나 웃는
것은 둘뿐이다 어느 숲에서 음습한 바람이 부는지
아침 10시인데도 나무들이 몸을 움츠리고 잎을 펼
기미 대신 숲의 전방을 온몸으로 두리번거린다
웃는 두 그루 나무는 어디에 뿌리를 내리고 있나
안경 속의 눈은 모두 둥글고 이빨은 가지런하게 뻗고
바람은 그들을 피해 가는지 그 웃음은 숲속에서 하나
다치지 않고 민들레 꽃씨처럼 끝없이 솟아오른다 나도
함께 솟아오른다 아아—— 내 방에서 숲으로 그리고
판문점이 있는 하늘로 나는 사진에서 조금씩 멀어진다
웃는 사람과 웃지 않는 사람이 서서히 멀어지면서
서서히 멀어지면서 검은 숲이 판 박힌다 웃음도 검다

빈 컵

겨울,
민방위훈련을 알리는 사이렌——

진눈깨비 사이와 사이를 뚫고
젖은 바람의 육신과 육신 사이를 뚫고
유리창을 뚫고
빛을 뚫고
방안까지 무차별
후드득 후드득 내리박히는
투명한, 투명한,
이데의 바늘들

식탁 위의
투명한 빈 컵이여
이데여

　* Idee(獨).

후박나무 아래 1

잎 진 후박나무 아래 땅을 파고
새끼를 낳은 어미 개
싸락눈이 녹아드는 두 눈을 반쯤 감고
태반을 꾸역꾸역 먹고 있다
배밑에서는 아직 눈이 감긴 새끼가 꿈틀거리고
턱밑으로는 몇 줄기 선혈이 떨어지고

그 위로 어린 싸락눈은 비껴날고

후박나무 아래 2

어미 개가 자기 집으로 물어나른 새끼들
어미 젖통을 머리로 쥐어박으며
젖꼭지를 물어당기다 똥을 싸고 있다
새끼의 항문에 매달려 있는 똥
새끼의 항문에 매달려 떨어지지 않는 똥
어미 개가 혓바닥으로 핥아내고 있다
쓰윽 쓰윽——
항문 근처가 말갛도록

싸락눈이 내리다 잠깐 멈춘 오후

후박나무 아래 3

어미 개가 배밑에서 죽은 새끼 하나
입으로 물어내고 있다
어미 개가 졸다가 깔아뭉갠
숨이 막혀 죽은 새끼 하나
어미 개가 입으로 질질 끌어내
뒷발로 문밖으로 차 던진다

배밑이 차갑다고
뻗은 사지가 딱딱하다고

풀의 집

투석전이 한창이다 길에 있는 나를 돌멩이는 알아보지 못한다 나는 사정없이 얻어맞는다 하늘은 돌멩이의 길이다 집들은 차가운 자물쇠로 길을 잠그고 들어오라 들어오라 너는 집이 필요하다 풀들이 소리친다 나는 풀의 집으로 급히 들어간다 사방이 푸른 화창한 집 아 그러나 풀의 집은 벽이 지붕이 없다 나는 풀의 집에 서서 인간의 하늘 아래 서서 계속 얻어맞는다

절 벽

　밑은보이지않습니다, 비가오고, 발밑에는금간바위사이를풀뿌리들이한사코붙들고있습니다, 빗줄기는그틈사이를들이칩니다, 누가버리고간라면봉지몇몇이모래와손잡고물줄기를바꾸다가쓸려갑니다, 아이들은비가와도종이비행기를아래로날리고고함을치고발을굴리고, 물줄기들은어디에서우리와만나려고하는지지금은바위틈사이사이로말도없이가고, 전사들은1·2차세계대전이후의경험교과서대로 '민자의순정시대' 노래에맞춰춤추며노래하며이쪽으로이쪽으로사람들을끌고옵니다, 여기는절벽입니다절벽사이로난길은길만노래하고춤추며가게나있습니다, 더욱지금은여름입니다,

테크노피아

테크노피아
野立看板의 녹슨
철골 사이에

들새 하나
집을 틀고 앉아
새끼를 기르겠다고
작은 눈을 굴리며
알을 품고 앉아

형체도 분명한
다섯 손가락의 외짝
고무장갑
썩지도 못하고
비를 맞는

테크노피아
野立看板 아래와 위 사이에서
비 함께 맞으며
알을 품고 앉아

깡 통

1
洋種들이 먹고 버린 빈 깡통을 돌로 두들겼다
깡, 깡, 깡, 깡——

참새들은 까맣게 하늘로 치솟고
얼마나 시끄러웠는지
벼이삭들은 고개를 숙인 채 엉덩이를
내 쪽으로 내밀고
두 귀를 틀어막았다

개울의 돌들은 감자 익는 냄새가 나고

논 가장자리에 꽂힌 장대에 매달린
빈 깡통에서도 가끔 소리가 났다
깡, 깡, 깡, 깡——
깡통에 구멍을 뚫고 속에 매달아놓은
돌멩이가 속절없이 빈 깡통을 두들겼다
비바람에 洋種들의 깡통도 별수없이 녹이 슬고

2
논과 밭을 팔아 우리 형제들은 外地에서 공부했다

내가 빈 깡통을 두들길 때마다 귀를 틀어막고
물소리로 통통해지던 벼이삭들

하숙비로 부쳐온 돈으로 처음 깡통을 땄다
파인애플, 깡, 깡, 깡──
먹고 난 뒤 숟가락으로 빈 깡통을 두들겼다

참새는 솟구치지 않았다 대신
붉은 양철지붕 모서리의 강아지풀 한 무더기가
우우우 일어서서 깡 깡 깡 쓸린 하늘을 물어뜯었다

3
슈퍼마켓 한쪽 벽에 깡통이 천장까지 쌓여 있다
국산 깡통 사이에 外地에서 온 것도 끼여 있다

파인애플도 있다
…………

김치, 깍두기,
된장, 고추장도 있다
……………
깡, 깡, 깡, 깡——
감나무밭으로 까맣게 솟구치던 저 참새떼——

들키고 싶은 작은 돌처럼, 아, 나는
슈퍼마켓에서

개똥참외

싱싱한 개똥참외 한 그루
열매를 달고 돌무더기 위에 기며
익고 있다
先山墓域
   누가 바짓가랑이를 내리고
   그것을 풀밭 위에 내놓고
   계곡을 굽어보며 명상에 잠겨
   푸짐하게!

푸르고 굵은 줄기와 알찬 열매

이만하면 능히 가출한
새 서넛
여기서도 키울 수 있으리라
아름다운 상처처럼

空山明月

달이 나무 잎사귀를 툭툭 치며 간다
달이 빈 가지에 걸터앉아 몸을 흔들다가
간다 아무도 잠깨어 마주 오지 않는다 무덤 위에 앉아
담배 한 대 피우며 空山의 물소리 속에
모래들만 몸 푸는 아득한 소리를 듣는다
팔짱을 끼고 산길에 버티어 서서
사라지고 없는 산의 길을 불러모은다
높은 곳에서 불러도 깊은 길만 오는구나
부르는 소리에 송장메뚜기가 풀 속으로 숨고
기댈 곳 없는 풀이 달 속에 누울 때
空山의 달은 잠깨지 않는 길을 혼자 간다
터벅터벅 간다 잎을 치며 간다 가지를
흔들며 간다 나무들은 잠속에서 발소리를 듣는다
잠깨라 잠깨라 하는 空山 깊은 계곡의 물소리

풀밭 위의 식사

함께 온 어른은 산기슭의 나무 그늘에서
맥주 깡통을 텅 텅 따고 소리지르고
고기 안주를 씹고 옆의 철쭉꽃은
사람들과 무관하게 태양 때문에 붉다
아직 몇 발짝 기지 못한
산딸기의 줄기가 아른거리는 풀밭 구석에서
아이 하나 시퍼런 풀을 움켜쥐고 있다 풀이
완강하게 저항하는지 목이며 팔뚝에
힘줄이 굵게 솟는다 먹을 것이
여기저기 펼쳐져 있는데 그쪽으로는 고개를
돌리지 않는다 아이의 머리 위에서 아카시아가
꽃과 가시를 뭉텅뭉텅 내밀다가 잠시
멈추고 찾아온 벌떼를 껴안는다 풀을 잡아당기는
아이의 손에서 풀의 줄기가 뜯겨나온다
저렇게 집요하게 감아쥐고 있는 것을 보면
아이가 보고 싶은 것은 풀이나 풀의
뿌리가 아니리라 나는 개암나무 사이에
박힌 돌처럼 안 보이는 것이 모두 궁금하다
먹고 있던 빵을 한 손에 쥔 채 나는
아이의 손에서 무엇이 뽑혀나오는지 기다리고

어른들은 계속 마시고 떠들고 묘지에
퍼질고 앉아 화투짝 두들기는 소리가
묘지 아래로 굴러내리고 태양은 빛나고
아이는 함부로 뽑을 수 없는 풀을
두 손으로 쥔 채 눈을 반짝이며 다시
잡아당긴다 풀의 줄기가 우두둑 뜯기고
아이는 넘어지며 철쭉을 짓뭉갠다
땅에 떨어져도 철쭉꽃은 여전히 붉다
땅이 저렇게 쉽게 놓아주지 않는다면
땅이 숨기고 있는 것은 풀의 뿌리만이 아니리라
어른들과 떨어져서 아이는 당기고
풀은 뽑힐 생각을 아직도 하지 않고
내 곁에서 개암나무 잎 사이의 어린 열매가
그늘을 제끼고 따가운 햇볕 속에 고개를 내민다

房 門

  고향집 뒤뜰은 감나무가 가득했다 어깨와 어깨를 마주대고 담을 밀어내고

  길게 뻗은 가지와 손바닥만한 잎들이 툇마루까지 와 한철을 보내곤 했다

  너무 광대한 하늘을 가려주곤 하던 가지와 잎이 무슨 일을 하는지 모른 채

  나는 빨리 익지 않는 감을 기다리다 못해 떫은 풋감을 따서 소금에 찍어먹었다

  감이라고 다를 리 있겠느냐

  덜 익은 것은 목구멍에 가기 전에 혓바닥에서부터 들러붙었다

  삐걱 삐걱 하는 도르레가 붙은 우물 곁에 단감나무가 딱 한 그루 있었다

떫지 않은 그 한 그루 나무의 감!

그 감나무가 왜 그곳에 하나 있었을까

어머니가 정한 내 방은 그쪽으로 문이 나 있었다

따뜻한 그늘

그 집은 그늘이 짙은 그 집은
살의 욕망에 벽에는 더러운
곰팡이가 슬었으리 창은
백내장처럼 눈을 뜨고 있으리 피의
상상에 여기저기 죽은 빈대의 시체와
마른 물독이 흩어져 있으리
뼈의 직립이여 뼈의 서까래 군데군데
벌레가 갉고 그 속에 바람이
그늘의 체온을 데우며 남은
피를 찾아 방방을 기웃거리리
거기에 나와 육체의 피를 두어야 하리
그러나 집이란 때로 너무 가벼워서
돌로 눌러두고 다녀야 하는 길이거니와

무 덤

내 무덤을 내가 파헤친다 마음도
넉넉해라 땅은 누구의 삽질도 받아들인다
추하고 아름답던 내 살은
벌써 다른 욕망에 옮겨가
잘들 있는지 흙은 바싹 말라 있다
삽질을 방해하는 것은 작은
돌뿐이다 뒤축이 다 닳은 세 켤레의
구두가 새 구두 한 켤레와 불쑥
하늘 아래 얼굴을 내민다 끝이
보이지 않는 길이 밑에서 잡고
당기는지 새 구두의 뒤축이
잘 빠져나오지 않는다 (잘 있거라 구태여
내가 그것까지 방해하랴)
삽질을 한다 20년 이상 도수만
바꾸어 낀 낡은 테의 안경
그 옆에 가까운 곳을 보려고 준비해
다닌 안경이 서로 더러운 흙을
붙들고 있다 (거기 머물고 있는
믿을 수 없는 세계의 그림자!)
파헤쳐놓은 무덤 위로 울 듯 울 듯한

몸으로 새가 한 마리 지나간다 (칼의
세월이여 말의 세월이여) 무릎 쪽에
책이 몇 권 아픈 허리의 뼈를
받치고 있다 정다워라 그러나 메마르고
가벼운 언어의 땅이여 책이여
언어는 물이려니—— 언어가
거기 있을 리가 있느냐 파헤쳐진
무덤 곁에 무성한 아카시아나무여

아카시아

아카시아를 심지 말아라 아카시아는
땅속의 숨은 뿌리가 더 무섭다
꽃과 잎들은 뿌리의 城이며
核宇이다 포크레인의 쇠갈고리 같은
뿌리들이 땅속을 헤집으며 무엇이든
긁어쥐고 와작와작 씹어삼킨다
아카시아나무 밑 땅속은 버려진 냄비며
철물이며 외로운 돌무더기 몇몇(흙이 없는
저 땅의 속이며 언어의 속이며……) 뿌리
저희들만 동서로 뻗고 있다
아카시아나무의 그늘 밑에는 모두 파먹어
형체 있는 무덤도 하나 없다 온몸에
일사불란하게 돋아 있는 가시와 잎——
살아 있는 저 맹목 육체의 길을
알면서 햇볕은 여전히 싸안고 얼러대고

누 란

1
사막은 經이다
보기조차 힘겹다
인간이면 마땅히
여기까지 와야 한다
한다는 듯
사진 속에서조차
왔느냐
반기지도 않는다
이천 년을 밟고
발밑의 이천 년
樓蘭을 밟고
낙타가 간다
눈 하나 까딱하지 않는다
生佛이다

2
이천 년 전 이곳에
왔던 사람 둘
살은 버리고 뼈로만 누워

웃고 있다 沙沙로 웃다가
몸을 비틀었는지 뼈들이
모로 누워 있다 모로
누웠지만 뼈가 날개 같다
서쪽에서 떨어져나온 팔뼈가
동쪽의 엉덩이를
만지고 있다
뼈 하나가 陽關이다

한 잎의 女子 1
―― 언어는 추억에 걸려 있는 18세기형 모자다

   나는 한 女子를 사랑했네. 물푸레나무 한 잎같이 쬐그만 女子, 그 한 잎의 女子를 사랑했네. 물푸레나무 그 한 잎의 솜털, 그 한 잎의 맑음, 그 한 잎의 영혼, 그 한 잎의 눈, 그리고 바람이 불면 보일 듯 보일 듯한 그 한 잎의 순결과 자유를 사랑했네.

   정말로 나는 한 女子를 사랑했네. 女子만을 가진 女子, 女子 아닌 것은 아무것도 안 가진 女子, 女子 아니면 아무것도 아닌 女子, 눈물 같은 女子, 슬픔 같은 女子, 病身 같은 女子, 詩集 같은 女子, 영원히 나 혼자 가지는 女子, 그래서 불행한 女子.

   그러나 누구나 영원히 가질 수 없는 女子, 물푸레나무 그림자 같은 슬픈 女子.

한 잎의 女子 2
—— 언어는 겨울날 서울 시가를 흔들며 가는
아내도 타지 않는 전차다

  나는 사랑했네 한 女子를 사랑했네. 난장에서 삼천 원 주고 바지를 사입는 女子, 남대문시장에서 자주 스웨터를 사는 女子, 보세가게를 찾아가 블라우스를 이천 원에 사는 女子, 단이 터진 블라우스를 들고 속았다고 웃는 女子, 그 女子를 사랑했네. 순대가 가끔 먹고 싶다는 女子, 라면이 먹고 싶다는 女子, 꿀빵이 먹고 싶다는 女子, 한 달에 한두 번은 극장에 가고 싶다는 女子, 손발이 찬 女子, 그 女子를 사랑했네. 그리고 영혼에도 가끔 브래지어를 하는 女子.

  가을에는 스웨터를 자주 걸치는 女子, 추운 날엔 팬티스타킹을 신는 女子, 화가 나면 머리칼을 뎅강 자르는 女子, 팬티만은 백화점에서 사고 싶다는 女子, 쇼핑을 하면 그냥 행복하다는 女子, 실크스카프가 좋다는 女子, 영화를 보면 자주 우는 女子, 아이 하나는 꼭 낳고 싶다는 女子, 더러 멍청해지는 女子, 그 女子를 사랑했네. 그러나 가끔은 한 잎 나뭇잎처럼 위험한 가지 끝에 서서 햇볕을 받는 女子.

한 잎의 女子 3
—— 언어는 신의 안방 문고리를 쥐고 흔드는
건방진 나의 폭력이다

　내 사랑하는 女子, 지금 창밖에서 태양에 반짝이고 있네. 나는 커피를 마시며 그녀를 보네. 커피 같은 女子, 그레뉼 같은 女子. 모카골드 같은 女子. 창밖의 모든 것은 반짝이며 뒤집히네, 뒤집히며 변하네, 그녀도 뒤집히며 엉덩이가 짝짝이가 되네. 오른쪽 엉덩이가 큰 女子, 내일이면 왼쪽 엉덩이가 그렇게 될지도 모르는 女子, 줄거리가 복잡한 女子, 소설 같은 女子, 표지 같은 女子, 봉투 같은 女子. 그녀를 나는 사랑했네. 자주 책 속 그녀가 꽂아놓은 한 잎 클로버 같은 女子, 잎이 세 개이기도 하고 네 개이기도 한 女子.

　내 사랑하는 女子, 지금 창밖에 있네. 햇빛에는 반짝이는 女子, 비에는 젖거나 우산을 펴는 女子, 바람에는 눕는 女子, 누우면 돌처럼 깜깜한 女子. 창밖의 모두는 태양 밑에서 서 있거나 앉아 있네. 그녀도 앉아 있네. 앉을 때는 두 다리를 하나처럼 붙이는 女子, 가랑이 사이로는 다른 우주와 우주의 별을 잘 보여주지 않는 女子, 앉으면 앉은, 서면 선 女子인 女子, 밖에 있으면 밖인, 안에 있으면 안인 女子. 그녀를 나는 사랑했네, 물푸레나무 한 잎처럼 쬐그만 女子, 女子 아니면 아무것도 아닌 女子.

손
──김현에게

개울가에서 한 여자가 피 묻은
자식의 옷을 헹구고 있다 물살에
더운 바람이 겹겹 낀다 옷을
다 헹구고 난 여자가
이번에는 두 손으로 물을 가르며
달의 물때를 벗긴다
몸을 씻긴다
집으로 돌아온 여자는 그 손으로
돼지 죽을 쑤고 장독 뚜껑을
연다 손가락을 쪽쪽 빨며 장맛을 보고
이불 밑으로 들어가서는
사내의 그것을 만진다 그 손은
그렇다──언어이리라

세헤라쟈드의 말
──「千一夜話」別曲

샤하리아르, 잠든 당신의 심장이
톡톡 뛰고 있다 신기하게도
나를 가둔 당신의 두 팔 사이의
어둡고 깜깜한 세계 속에서 내 심장도
톡톡 뛰고 있다 잠이 깨면 당신은
나를 또 죽이려 하리라 그러나
심장의 박동 소리는 당신의 것도
나의 것도 구별 없이 듣기가 좋다

샤하리아르, 나는 당신이 주는 비단으로 몸을 감고
향수로 땀내를 씻고 당신이 주는 음식을
당신이 주는 포크와 스푼으로 내 뱃속을
채운다 나는 당신이 만들어놓은 창을 통해
아라비아의 달을 보고 구름처럼 포근한
이불로 앞으로도 오래 어두울 한때를 잠재운다
그러나 달은 낙타의 사막에서 더 밝다

샤하리아르, 당신은 벌거벗은 몸이 아름답다
육체는 욕망의 본적지다 본적지에서 보면
어둠 속의 별처럼 젖꼭지도 배꼽도 반짝인다

나는 당신의 욕망을 내 몸으로 받고
당신의 죽음을 내 자궁에 가둔다 나는
당신의 언어이므로 당신 속에서 일용할
사랑을 얻는다 사랑을 얻고 당신의 발바닥이며
혓바닥이며 무엇무엇이며 온몸에 불을 지른다
불을 질러 내 우주에 불을 밝힌다

샤하리아르, 나는 유프라테스강이다 아니다
티그리스강이다 아르메니아고원이다 아니다
아라비아의 샤하리아르 대왕이다 아니다
네푸드사막이다 아니다 루브알할리 라는
공허 지대이다 아니다 비가 와야 물이 흐르는
누쿠니와디이다 비샤와디이다 세헤라쟈드이다
아니다 아니다……………………

〈해 설〉

'길'과 '언어' 밖에서의 시쓰기

이 광 호

간판이 많은 길 위에서

『문학과 유토피아』에서의 김현은, 오규원의 잠 안 오는 밤에 관한 두 편의 시를 분석하면서, 그 깨어 있음을 "등기 안 된 현실"을 보기 위한 "시인의 직무의 한 상징적 표상"으로 읽는다. 그것은 오규원의 시적 사유의 본질에 가 닿은 비평적 성찰이다. 그래, 오규원은 불면의 시인이다. 그의 불면은 산문화된 세계의 부정성을 똑바로 보기 위한 불면이며, 그러한 세계 안에서 억압되고 훼손된 언어들을 해방시키기 위한 불면이다. 시인은 언어의 도취를 위해 시를 쓰지 않고 그 언어의 도취를 깨우기 위해 시를 쓴다. 오규원의 시적 여정은 그래서, 타락한 세계 그 자체에 대한 싸움이 아니라 그 세계를 지탱하는 타락한 언어에 대한 싸움이었다.

오규원의 타락한 언어와의 싸움은 두 가지 범주를 포

함한다. 그의 초기시들이 주로 '관념화된 언어'와의 싸움을 보여주고 있다면, 그 관념화된 언어란 삶의 구체성과 역동성을 가리고 묶어두는 권력의 언어이다. 그것은 권력이 보여주고자 하는 곳만을 화려하게 비추는 언어이며, 그 빛 저편의 그늘진 곳을 감추고 포장하는——우리는 아마도 '발전' '안정' 따위의 관념어 뒤에 감추어진 그 섬뜩한 폭력성을 상기할 수 있으리라——언어이다. 닫힌 사회 체제는 관념의 체계를 통해 개체를 지배하며, 그 관념의 체계에 대한 부정은 개체의 육체에 덧씌워진 관념의 굴레를 벗겨내고 개체의 참다운 개별성을 돌려주는 것이 된다. 관념화된 언어는 체제의 억압이 삶을 경직화된 질서 속에 가두어놓는 사회의 구호화된 권위주의적 언어이다. 아직 그러한 억압은 계속되고 있지만, 권력의 자본주의적 세련화는 그 억압을 보다 교묘한 이데올로기적 관리 체제로 변신하게 만든다. 그 변신은 시인에게 새로운 싸움의 조건을 부여한다. 자본의 무한한 자기 증식 운동은 모든 것을 이용할 준비가 되어 있다. 심지어 그것은 관념화된 언어에 대립되는 문학적 언어—사물에 대한 감각적 인식을 보여주는 상상적 언어마저 자신들의 언어로 이용한다. 보자. 자본주의적으로 기능화된 가장 첨예한 언어 양식인 광고 언어의 저 현란하고 감각적인 언어적 기교들, 그 매끄럽고 그윽한 상상력과 감수성들, 그 넘치는 쾌적과 안락과 풍요의 환상들. 그러한 언어들의 끊임없는 수사학에 의해, 우리는 그것들이 던져주는 따뜻하고 나른한 행복의 이미지들과 그 상품 자체를 동일시하는 매몰된 의식에 머물게 된다.

시인은 이제 이러한 자본주의적 언어의 도구성을 폭로하는 데 주력한다. 그것은 자본주의 사회의 언어가 우리를 존재의 진실로 인도하는 친절한 표지판이 아니라는 것을 확인시키고, 언어는 그것이 지시하는 대상에 대해 투명하다는 탈이데올로기성의 신화를 거절하는 것이다.

다음의 시는 오규원의 이러한 시적 입지를 잘 보여주고 있다. 이 시집 안의 오규원은 지금 '간판'이 많은 '길' 위에 서 있다. 자신이 살고 있는 곳이 어떠한 곳인가에 대한 인식에는 이미 그 세계에 대한 시인의 문제틀이 개입되어 있다.

> 서울은 어디를 가도 간판이
> 많다 4월의 개나리나 전경보다
> 더 많다 더러는 건물의 마빡이나 심장
> 한가운데 못으로 쾅쾅 박아놓고
> 더러는 문이란 문 모두가 간판이다
> 밥 한 그릇 먹기 위해서도 우리는
> 간판 밑으로 머리를 숙이고 들어가야
> 한다 소주 한잔을 마시기 위해서도 우리는
> (………)
> 무수한 간판이 그대를 기다리며 버젓이
> 가로로 누워서 세로로 서서 지켜보고 있다
> 간판이 많은 길은 수상하다 자세히
> 보라 간판이 많은 집은 수상하다
> ——「간판이 많은 길은 수상하다」에서

시인의 표현대로 "서울은 어디를 가도 간판이 많다." 간판이 많은 거리의 풍경은 우리에겐 무척 친근한 것이다. 하지만 시인은 세계의 낯익은 외피만을 보지 않는다. 시인은 그 낯익은 풍경을 특수화함으로써 그 풍경 안의 부정성을 드러낸다. 시인에게 간판이 많은 길은 수상하게 느껴진다. 왜 그것은 수상한가? 간판의 본래적 기능은, 그 간판이 붙어 있는 집의 성격을 알려주기 위한 정보적 기능이다. 그 정보적 기능은 그러나, 간판이 손님을 끌어들이기 위한 상업적 책략의 일부로 적극적으로 활용되면서 그 투명성과 순수성을 잃는다. 우리는 간판이 이끄는 대로 그 간판에 새겨진 언어의 환상에 도취되어, 그 안으로 빨려들어간다. 간판은 상업적 책략의 추악함을 가리고 우리의 소비 욕구를 자극하기 위한 언어적 장식이며, 우리는 아무런 의문도 없이 그것이 이끄는 대로 그 속으로 들어가 왜곡된 욕망을 쏟아놓는다. 이 세계에서 우리가 마음대로 상점과 물건을 선택할 수 있다는 주체성과 자율성의 신화는, 우리의 의식을 미망의 상태에 머물게 한다. "들어가야 한다" "우러러보아야 한다" 등의 어투는 이러한 소비 행위의 피동성을 폭로하고 있다. 시인에게 "버젓이 가로로 누워서" 있는 간판은 가증스럽다! 그러면 우리는 이제 다음과 같은 질문을 던져볼 수 있다. 시인에게는 왜 유독 간판만이 문제될까? 시인의 눈에는 간판이 "4월의 개나리나 전경보다 더 많다." '더 많다'라는 시적 묘사는, 그러나 객관적인 것은 아니다. 그러한 묘사에는 이미 시인의 이 세계에 대한 문제 제기 방식이 포함되어 있다. 누군가는 아마도 '간판'보다 '4월의 개나리'나 '전경'이 더 많고 그것들이 훨씬 수상해 보일지도 모른다. 시인에게 문제되는 것은, 도시의 한가운데 어색하게 피어 있는 '개나리'의 모습이나 우리 사회의 정치적 억압의 지속을 말해주는 '전경'이 아니다. '4월의 개나리'와 '전경'은 우리가 쉽게 그 수상함을 알 수 있는 것들이다. 그것들의 수상함은 눈에 보이는 수상함이다. 문제는 눈에 보이지 않는 수상함이다. 훼손과 억압은 누구에게나 보인다. 보이지 않는 것은, 도구화된 언어의 수사학적 위장이다. 그것은 너무나 미끈하고 화려한 외양을 가졌기 때문에 잘 보이지 않는다. 그래서 시인은 우리에게 말한다. 이 낯익은 세계는 정말 얼마나 추악한 것인가? 우리들의 길과 욕망은 얼마나 그 추악함과 친근한가? '자세히 보라' '자세히 보라'!

도구화된 언어를 뒤집어 읽기

시인의 이러한 문제들은 우리를 두 가지 길(사실은 하나인 길)로 인도한다. 그 하나는 자본주의의 도구화된 언어에 대한 반성이며, 다른 하나는 그러한 도구적 질서 안에서 맹목의 상태에 있는 반성하지 않는 삶에 대한 반성이다. 우리는 먼저 첫번째의 길로 나가보자.

> 아름답게 인쇄된 모과 엑기스와
> 천연 허브향 첨가라는 말의 진실도
> 엉덩이를 반쯤 들다가 세계의
> 중심을 잃는다 이제 그대는

〔………〕
캔디 하나를 잡아챈다 속옷을
좌악 찢고 알몸의 캔디를
입 속에 집어넣으며 침을 삼키며
나를 보고 웃으며

사랑하는 그대가 아 그대가
롯데 목캔디를 먹는다

그대는 나를 보며 웃고
기고 있는 담쟁이가 거머쥐고 있는 흐린 하늘
어디선가 누가 죽고 있다
누가 발가벗긴 채   ——「목캔디」에서

 "아름답게 인쇄된" 광고 언어는, 그것이 투명한 정보적 기능만을 가진 것처럼 가장함으로써, 그것의 상업적 책략을 숨긴다. 시인이 문제삼으려는 것은, 그러나 이러한 광고 언어의 부정성 그 자체가 아니다. 이 시가 겨냥하는 것은, 그러한 도구적 언어에 길들여진 우리들의 마비된 의식과 그것으로부터 나온 소비 행위의 일차원성이다. 그 마비된 의식을 깨뜨리기 위해 시인은 광고 언어와 그 상품의 소비 행위로부터 엉뚱한 연상을 시작한다. 캔디의 포장을 벗겨 그것을 먹는 행위를 시인은 "속옷을 좌악 찢고 알몸의 캔디를 입 속에 집어넣"는다고 묘사한다. 왜 캔디를 소비하는 행위를 시인은 그토록 폭력적인 행위로 묘사할까? 캔디를 소비하는 행위의 폭력

성은, 그러한 행위가 갖는 사회경제적인 성격이라는 측면에서 분석될 수 있겠지만, 문제는 욕망의 생태학이다. 캔디를 소비하는 욕망은 전혀 폭력적으로 보이지 않지만, 그 안에 도사린 욕망은 "속옷을 좌악 찢"는 욕망이며, 그 욕망은 "어디선가" "누가 발가벗긴 채" 죽어가고 있다는 무서운 사실과 무관할 수 없다. 아무도 그 욕망의 알리바이를 주장할 수는 없다. 시인은 광고 언어를 환상을 개입시켜 읽어냄으로써——그는 시적 환상으로 도구적 언어의 환상과 싸운다——그 언어를 특수화하고, 그것의 이미지와 상품 자체를 동일시하는 소비 행위의 자동성을 깨뜨린다.

1) 젊은 여자를 강간하고 국부를 담뱃불로
   지지며 배 밑에 대검을 꽂아놓고
   발가벗긴 여자에게 건강한 정신은
   건강한 육체에 깃든다며 팔굽혀펴기를 시키며
   즐거워한 그때처럼 손자에게 같은 말로
   운동을 가르치고 있다 라즐로氏

   한국명 羅卽奴씨 전력을 감추고 한국에
   이민 온 그가 맑은 햇볕 따스하게
   유리창을 파고드는 아늑한 거실에서 손자와
   아직도 팔굽혀펴기를 하고 있다
   ——「그는 아직도 팔굽혀펴기를 하고 있다」에서

2) 테크노피아

野立看板의 녹슨
철골 사이에

들새 하나
집을 틀고 앉아
새끼를 기르겠다고
작은 눈을 굴리며
알을 품고 앉아

형체도 분명한
다섯 손가락의 외짝
고무장갑
썩지도 못하고
비를 맞는   ——「테크노피아」에서

  도구화된 언어에 대한 시인의 집요한 시적 탐구는, 다양한 방식으로 변주된다. 그 변주는 그러한 언어를 그것의 의도대로 읽지 않고 오독(誤讀)——뒤집어 읽음으로써 가능해진다. 그 오독은 그러한 언어의 전달 효과에 기여하지 않고, 그 언어의 '밖에서' 그 언어 안에 은폐되어 있는 그것의 생성 조건과 이데올로기적 기능을 드러내보이는 것이다. 그러한 의미에서, 시인의 도구화된 언어에 대한 해석은 전복적 해석이다. 1)에서 "건강한 정신은 건강한 육체에 깃든다"는 상투화된 그리고 아무런 이데올로기적 함의를 담지 않은 듯이 보이는——대단히 중립적이고 건전해 보이는——언어 안에는 얼마나

추악한 폭력과 변태적인 욕망이 들어 있는가. 그 안에는 얼마나 많은 참혹한 죽음들이 들어 있는가. 2)는 '테크노피아'라는 광고 언어의 거대한 야립 간판의 풍경에 대한 시적 묘사이다. 시인은 그 야립 간판이 있는 풍경화의 한 편에 '들새'와 '고무장갑'을 그려넣음으로써, 그 광고 언어가 보여주는 장밋빛 비전의 불모성과 황폐함을 보여준다.

길 밖의 망설이는 나무

자본주의화된 도구적 언어에 대한 시인의 비판적 인식은, 거기서 더 나아가 그러한 물신 시대의 왜곡된 욕망의 통행로를 길이라고 여기고 걸어가는 무반성적 보행에 대한 반성적 성찰로 이어진다.

1) 마땅히 앞은 길이요 희망이요 구원이니
   앞의 새와 바람과 낙타가 너희를
   즐거이 더욱 먼 사막으로 보내리니 ——「사막 2」에서

2) 샛강은 길 밖의 물이요 물 밖의
   길이라 이곳에서는 나도
   길 밖의 물이요 물 밖의 길이다 ——「길 밖의 물」에서

최근의 오규원의 시에서 자주 등장하는 '길'의 비유는, 여러 겹의 내포를 포함하고 있는 것처럼 보인다. 우리는 시인이 의도하는 바의 그 내포의 정확한 의미를 읽어낼 수 없다. 정확하게 읽는다는 것은 하나의 허상이

며, 억압이다. 그리고 비평적 독서는 텍스트의 자기 이해와 전달 효과를 배가하는 것을 목표로 하지는 않는다. 중요한 것은 그 비유를 둘러싼 혹은 그 비유가 숨기고 있는 시적 문제들이다. 오규원의 '길'에서는, 길의 선택적 방향성이나 그 길의 보편적 의미가 문제되지 않는다. 문제는 그 길 '안'에 있느냐 그 길 '밖'에 있느냐 하는 것이다. 1)에서의 반어적 어법은 희망과 구원으로 장식된 '길'이 사실은 먼 '사막'으로 가는 길임을 보여준다. 여기서는 사람들이 구원의 길이라고 생각하는 것의 황폐한 미래를 보여주는 것이 시적 진술의 핵심이지만, 그러한 진술이 가능한 것은 시적 주체가 그 '길'의 밖에 있기 때문에 가능한 것이다. 다시 2)를 보면, 시의 현상적 화자는 자신이 "길 밖의 물" "물 밖의 길"인 '샛강'에 머무르고 있음을 밝힌다. '샛강'은 그러니까, 이 시의 현상적 화자의 입지점이면서 이 시집의 시적 주체의 입지점이다. 그곳은 '길'에 대해 반성적인 거리를 갖는 그러나 '길' 곁의 장소이다. 그 길 밖의 위치가 보다 선명해지는 것은 가령,

1) 지리산 화엄사의
   그 不二門을
   그 둘이 아닌 문을
   멈추지도 않고, 뒤돌아보지도 않고, 주저하지도 않고
   덜컥덜컥
   사람들이 들어가듯

> 겁없이, 턱없이, 길없이
> 명동이 무슨 산의 門인지나 아는지
> 사람들이   ——「明洞 1」에서

2) 잘 다져진 아스팔트 길, 그 위로
> 아이들이 삼삼오오 유치원을 갑니다
> 아이들이 삼삼오오 국민학교를 갑니다
> 중학교를 갑니다 고등학교를 갑니다
> 대학교를 갑니다

> 하자가 생기면 보수를 서두르는 길
> 안전수칙이 정해진 길
> 〔………〕

> 궁륭 밑 그 길
> 길 밖의 나무가 망설이며
> 잎을 떨어뜨리다 멈추는 그 길   ——「아스팔트」에서

이라고 쓸 때이다. 1)에서는 명동이라는 자본주의적 문명의 출입구를 그리면서 지리산 화엄사의 '불이문(不二門)'을 연상한다. '불이문'은 그것의 본래적 의미 외에도 한자어의 풍부한 함의를 가지는데 그것은 모두 '문'과 '길'의 운명적 경건성과 연관될 수 있다. 시인이 반성하려고 하는 것은, 그러한 길의 의미를 묻지 않고 길을 가는 사람들의 태도이다. 그 태도는 길을 길인지도 모르고 가는 태도이기 때문에, 시인은 "겁없이, 턱없이,

길없이"라고 표현한다. 길에 대한 시적 성찰은 2)에서도 명료하다. 여기서는 길의 의미에 대한 무반성적 인식보다도 제도화된 길 자체의 성격이 문제된다. 시는 벗어날 수 없는, 벗어나려 하지 않는 규범적 궤도를 보여준다. 그 궤도 위에서 문제가 생기면 그 궤도는 전면적으로 수정하는 것이 아니라 단지 '보수'될 뿐이다. 그 길은 '안전수칙'에 따라 가야만 한다. 그 수정될 수 없는 길을 쓸쓸히 지키는 "길 밖의 나무" 아래에 망설이며 서 있는 시인의 모습이 보인다.

언어의 땅이 숨기고 있는 것

우리는 '간판'과 '길'에 대한 시인의 반성적 인식의 깊이를 보았다. 그리고 그러한 반성적 인식은 시적 주체가 '간판'과 '길'의 바깥에 있기 때문에 가능한 것이다. 오규원의 시쓰기는 그래서 "길과 언어 밖에서의 시쓰기"이다. 그러나 시인이 언어와 길에 대해 반성적 입장에 선다는 것, 외재적인 입장에 선다는 것은, 그것들에 대한 싸늘한 비판적 인식만을 보여준다는 것을 의미하는 것은 아니다. 오규원의 세계에 대한 해석의 외재성은 방법적인 것이다. 그것은 세계에 내재하는 것들을 캐내어 복원하려는, 훼손되지 않은 길과 언어를 찾아내려는 의도를 품고 있다.

> 파헤쳐놓은 무덤 위로 울 듯 울 듯한
> 몸으로 새가 한 마리 지나간다 (칼의
> 세월이여 말의 세월이여) 무릎 쪽에

> 책이 몇 권 아픈 허리의 뼈를
> 받치고 있다 정다워라 그러나 메마르고
> 가벼운 언어의 땅이여 책이여
> 언어는 물이려니—— 언어가
> 거기 있을 리가 있느냐 파헤쳐진
> 무덤 곁에 무성한 아카시아나무여 ——「무덤」에서

시적 화자는 지금 자신의 무덤을 파헤친다. 그 파헤침을 통해 찾아내려는 것이 '언어'라는 것을 우리는 이 시의 후반부에서 알게 된다. 그러나 이 언어에 대한 탐사는 성공하지 못한다. '언어'는 거기에 없다. '언어'는 '물'이기 때문이다. '물'인 '언어'를 발굴하려는 노력은 그래서 헛된 것이다. 그러면 이 시가 보여주려 한 것은 언어를 발굴하려는 행위의 무모함과 허무함인가? 이 시의 의미 구조는 그러한 행위에 대한 반성적 인식에만 국한되는 것은 아니다. 그 '언어의 땅'을 파헤치는 행위의 귀결이 문제가 아니라, 그러한 귀결에도 불구하고 파헤치려는 욕망의 작용, 그것이 중요하지 않을까? 그렇게 읽으면,

> 아이가 보고 싶은 것은 풀이나 풀의
> 뿌리가 아니리라 나는 개암나무 사이에
> 박힌 돌처럼 안 보이는 것이 모두 궁금하다
> 먹고 있던 빵을 한 손에 쥔 채 나는
> 아이의 손에서 무엇이 뽑혀나오는지 기다리고
> 어른들은 계속 마시고 떠들고 묘지에

> 퍼질고 앉아 화투짝 두들기는 소리가
> 묘지 아래로 굴러내리고 태양은 빛나고
> 〔………〕
> 땅이 저렇게 쉽게 놓아주지 않는다면
> 땅이 숨기고 있는 것은 풀의 뿌리만이 아니리라
> ——「풀밭 위의 식사」에서

라는 시는 '언어의 땅' 저 밑의 무엇을 캐내려는 실현 불가능한 욕망을 보여주는 것이다. 그러한 풀의 뿌리를 뽑는 행위는, 무모하지만 무의미한 행위는 아니다. 주목할 것은 "땅이 숨기고 있는 것"에 대한 믿음이다. 말하자면 그 풀뽑기의 행위는 "땅이 숨기고 있는 것"을 확인하는 행위이다. 널리 알려진 인상파 화가의 그림을 패러디한 시의 제목과 그 "묘지에 퍼질고 앉아 화투짝 두들기는" 사람들에 대한 묘사는 "땅이 숨기고 있는 것"을 보고 싶어하는 아이의 순수한 욕망과 대비된다. 시에서의 '나'는 "빵을 한 손에 쥔 채" 아이의 이 순수한 욕망에 동조한다. 이 글의 비평적 이해틀을 적용하면, 그것은 '길 안에' 있으면서 '길 밖에' 있는, 언어의 깊이를 의심하면서 그것을 믿는 '샛강'에 서 있는 태도이다. 비약을 각오한다면, 그것은 '현상/본질' '시적 묘사/시적 진술'의 긴장 안에서의 시쓰기를 상징적으로 보여주는 것이다. 다시, 그렇게 읽으면,

> 개울가에서 한 여자가 피 묻은
> 자식의 옷을 헹구고 있다 물살에

> 더운 바람이 겹겹 낀다 옷을
> 다 헹구고 난 여자가
> 이번에는 두 손으로 물을 가르며
> 달의 물때를 벗긴다
> 몸을 씻긴다
> 집으로 돌아온 여자는 그 손으로
> 돼지 죽을 쑤고 장독 뚜껑을
> 연다 손가락을 쪽쪽 빨며 장맛을 보고
> 이불 밑으로 들어가서는
> 사내의 그것을 만진다 그 손은
> 그렇다——언어이리라 ——「손」전문

 시인이 김현을 위해 쓴 이 강렬한 색조의 시는, 언어에 대한 시인의 지독한 애증을 보여주는 것이다. 그 애증은 전율스럽다.
 글을 끝내려 하면서, 나는 다음과 같은 질문들 사이에서 흔들린다. 시는 시의 질료인 언어를 비웃을 때 비로소 시가 되는 것은 아닌가? 언어와 시에 대한 믿음이 없이, 시쓰기는 가능한가? 그 믿음과 회의의 균열을 견디는 것이, 우리 시대의 가장 정직한 시쓰기가 아닌가? 하지만, 그러한 시쓰기만으로 자본주의적 언어의 저 질기고 무한한 수사학적 연쇄를 끊어버릴 수 있을까? '길 밖'에서의 반성적 인식은 결국, '길 안'의 세계에서의 절망적 현존을 부각시켜주는 것은 아닌가? 그것은 도구적 질서에 물들어 있는 경험 세계로부터 자신을 유폐시켜 그 나름의 자율적인 언어의 영역을 확보함으로써, 그러한 세계의 오염을 견뎌내려는 욕망 이외에 또 무엇일까? 부끄러워져서, 나는 이 질문들의 과녁을 시인이 아닌 나 자신에게로 서둘러 옮겨놓는다.